10

Belles pages de la Bibliothèque de Genève

Petite histoire des Délices

De la propriété de Saint-Jean
à l'Institut et Musée Voltaire

Flávio Borda d'Água
François Jacob

COUVERTURE   Institut et Musée Voltaire, les Délices.

FRONTISPICE   LARGILLIERRE, Nicolas de, *Portrait de Voltaire en 1718,*
à l'âge de vingt-quatre ans, huile sur toile (CH IMV IC 0010).

Editeur responsable : Jo Cecconi
Directeur de collection : Thierry Dubois, conservateur

Maquette et mise en pages : Hans Christian Weidmann

« Les Délices ? Vous voulez dire... les Délices de Voltaire ? »
Les deux noms, celui du lieu et celui de l'écrivain, semblent inextricable-
ment liés : Voltaire n'a-t-il pas été l'âme des Délices ? Encore l'histoire de la
« propriété de Saint-Jean », aujourd'hui Institut et Musée Voltaire, n'est-elle
pas complètement réductible au seul séjour du philosophe et à la décennie
comprise entre 1755, année de son installation à Genève, et 1765, celle de
la vente du domaine à la famille Tronchin. Il semblerait de fait plus indiqué,
afin de mieux percevoir toute la richesse patrimoniale de ce lieu d'exception,
de penser, d'historiciser et de porter un certain regard sur la construction de
l'ensemble du quartier : c'est d'ailleurs l'argument qui est avancé au début du
XXe siècle pour sauver la maison de maître des appétits urbanistes.

De Gaudy à Mallet

La campagne de Saint-Jean, aujourd'hui quartier des Délices, est située en
dehors des fortifications genevoises. Elle est propriété du pasteur Pierre
Gaudy (1635-1710) depuis le 25 avril 1677[1]. La parcelle, acquise par Gaudy
pour une valeur de 12 000 florins, est avant tout composée de prés et de
vignes, d'une maison, d'une grange, d'étables, d'un pressoir et d'autres petites
constructions.

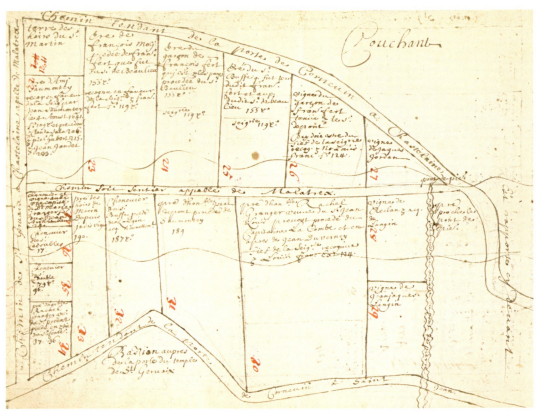

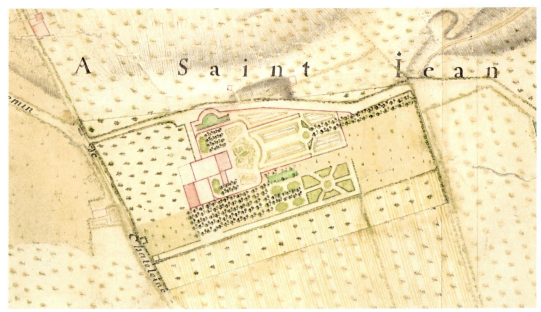

Sa situation géographique indique que l'actuelle rue des Délices n'a été pensée qu'après coup. Les parcelles Gaudy font en effet, selon le cadastre[2], frontière au nord avec « le chemin public de la porte de Saint-Gervais à Châtelaine », au sud avec « le chemin de Saint-Jean à Châtelaine » et à l'est avec le « chemin public tendant à Saint-Jean ou Maison Sous-Terre ». C'est Pierre Gaudy qui établit le tracé de ce chemin, lequel devient en 1712 le « chemin par ici nouveau dessus Saint-Jean », en 1777 le « chemin établi lors des dernières reconnaissances », et finalement, au cours du XIXe siècle, le « chemin communal des Délices ».

Le destin de la propriété reste cependant assez flou. Elle appartient, en 1707, à Jacques Mallet (1644-1708), marchand et banquier genevois, sans qu'on sache avec précision comment il l'a acquise. Est-ce un don de son beau-frère Gaudy ou bien une donation de sa sœur Renée Mallet ? Une autre piste consiste à penser que la propriété était en fait la dot de Renée Mallet, qui l'aurait léguée à son frère par testament. Mais aucun document des fonds d'archives de la République de Genève ne vient corroborer cette dernière hypothèse.

FIG. 1   AEG, *Plans de vérification de la banlieue de Cornavin*, cadastre B4, pl. 20.

FIG. 2   AEG, *Plan de la Ville de Genève, et des fortifications et des environs à la portée de canon*, 1735, plan attribué à Jean-Gabriel MALLET et Jean-Michel BILLON, détail des Délices.

Ce qui est certain, c'est qu'une fois aux mains des Mallet-De la Rive[3], la « campagne » connaît un essor accéléré. En 1712 déjà, alors que Jean-Jacques Rousseau naît à la Grand-Rue, en plein cœur de la Cité, Gédeon Mallet-De la Rive (1666-1750), fils de Jacques, fait ériger une maison avec cour sur la campagne de Saint-Jean au milieu des vignes, des jardins et des prés (fig. 1). Cette construction marque le début – timide, certes – de l'urbanisation du futur quartier des Délices. Ce type de construction est assez fréquent aux alentours de Genève. Très souvent les familles genevoises possèdent, outre une résidence particulière sur la rive gauche, une maison de maître dans les campagnes environnantes, au-delà des fortifications. On a par ailleurs l'habitude de donner aux domaines ruraux, aux maisons qui possèdent une ferme contiguë, le nom du propriétaire. Raison pour laquelle il existe, dans les environs du quartier actuel, des parcelles nommées campagne Pictet, campagne Cayla ou campagne Masset.

Vingt ans plus tard, en 1732, Gédeon Mallet-De la Rive décide de céder l'administration du domaine à son fils Jean-Jacques Mallet (1694-1767), qui le développe et fait construire une nouvelle maison de maître. La particularité du nouveau bâtiment tient au fait que pour la première fois la structure principale, carrée, est prolongée par une aile basse oblongue (fig. 2). Pour ce faire,

Jean-Jacques Mallet démolit les premières constructions et fait dessiner des jardins à la française, constitués de terrasses, de parterres, de broderies, d'allées de charmes, le tout s'étendant devant la façade sud. Les façades latérales sont quant à elles bordées de salles d'arbres (fig. 3).

La période voltairienne de la maison de maître ne commence qu'après toutes ces transformations. Voltaire entreprend, à son arrivée à Genève en 1754, des négociations auprès de divers particuliers de la région lémanique afin de trouver un lieu de vie. À Genève, deux propriétés attirent son attention : la campagne Mallet, à Saint-Jean, sur la rive droite, et la campagne Gallatin, à Cologny, sur la rive gauche. Tout catholique désirant résider à Genève devait obtenir une autorisation du Petit Conseil, organe détenteur du pouvoir exécutif de la République. Après d'âpres négociations menées par le conseiller François Tronchin, Voltaire obtient l'accord pour l'achat

FIG. 3 SIGUY, Louis, QUEVERDO, François-Marie-Isidore, *Vue des Délices de Mr. de Voltaire, près de Genève*, 1769, eau-forte et taille-douce sur papier (CH IMV IC 0222).

des Délices le 1er février 1755. Le domaine est acquis pour 87 200 livres, soit 77 200 livres payées par Voltaire et 10 000 avancées par François Tronchin.

Voltaire aux Délices

Arrivé à Genève en décembre 1754, ce n'est que le 1er mars de l'année suivante que Voltaire peut s'installer dans l'ancienne propriété de Jean-Jacques Mallet, sur les hauteurs de Saint-Jean. Le philosophe, toujours prudent, n'entend toutefois pas se limiter à Genève : il acquiert un vaste bâtiment au Grand-Montriond, sur le chemin d'Ouchy, près de Lausanne, et loue la maison du Grand-Chêne, au cœur de la ville, cette dernière demeure lui procurant l'inestimable avantage d'être assez proche du théâtre de Mon-Repos où il ne manque pas, comme on s'en doute, de faire représenter plusieurs de ses œuvres.

Toujours est-il qu'il s'installe, le 1er mars 1755, avec sa nièce Mme Denis, Collini, son secrétaire en titre, Jean-Louis Wagnière, son secrétaire à venir (pour l'heure un simple jeune homme de quinze ans) et quelques domestiques, dans sa nouvelle propriété, aussitôt rebaptisée « les Délices ». Une « Épître de l'auteur arrivant dans sa terre, près du lac de Genève » dit, en cent vingt-deux vers, le ravissement qui est le sien. Si Voltaire ne se « vante point d'avoir en cet asile » trouvé « le parfait bonheur », du moins se propose-t-il d'« embrasser [...] son image ». Genève est de surcroît une terre de liberté :

> On n'y méprise point les travaux nécessaires.
> Les États sont égaux, et les hommes sont frères.

La maison, tout à fait classique sur le plan architectural, valait surtout par ses jardins à la française et par les possibilités d'aménagement qu'offrait l'ensemble du domaine. Voltaire écrit d'ailleurs à Jean-Robert Tronchin, en date du 28 mars, qu'il fait travailler « les ouvriers de Genève ». Qu'on en juge :

> Je vous ai déjà fait planter 250 arbres ; je vous ai fait percer des avenues, je vous fais bâtir une petite aile. Votre maison n'était qu'agréable et je vous la rendrai commode [...] Je vous supplie de m'envoyer tout ce que vous pourrez en fleurs et en légumes. Le jardin en est absolument dégarni ; il faut tout faire ici. Je fonde Carthage[4].

Les trois gravures de Geissler présentant la « terrasse de M. Tronchin » en 1774, soit quelques années seulement après le départ du philosophe et la revente du domaine, peuvent nous donner une idée de l'ambiance qui était celle des Délices au temps de Voltaire (fig. 4).

Encore la sérénité dont se félicite le patriarche sera-t-elle troublée par plusieurs événements, et non des moindres. Le premier en date n'est autre que le tremblement de terre de Lisbonne, qui survient le jour de la Toussaint 1755, vers dix heures du matin. Informé de cette tragédie trois semaines plus tard, Voltaire fait immédiatement part de son émotion à Jean-Robert Tronchin :

FIG. 4   Geissler, Christian-Gottlieb, *Vue de Genève et du Salève depuis les Délices*, 1774, gravure (CH IMV IC 0031).

Voilà, monsieur, une physique bien cruelle. On sera bien embarrassé à deviner comment les lois du mouvement opèrent des désastres si effroyables dans le meilleur des mondes possibles. Cent mille fourmis, notre prochain, écrasées tout d'un coup dans notre fourmilière, et la moitié périssant sans doute dans des angoisses inexprimables au milieu des débris dont on ne peut les tirer : des familles ruinées aux bouts de l'Europe, la fortune de cent commerçants de votre patrie abîmée dans les ruines de Lisbonne. Quel triste jeu de hasard que le jeu de la vie humaine ! que diront les prédicateurs, surtout si le palais de l'Inquisition est demeuré debout ? Je me flatte qu'au moins les révérends pères inquisiteurs auront été écrasés comme les autres. Cela devrait apprendre aux hommes à ne point persécuter les hommes, car tandis que quelques sacrés coquins brûlent quelques fanatiques, la terre engloutit les uns et les autres[5].

FIG. 5   LE BAS, Jacques-Philippe, *Receuil* [sic] *des plus belles ruines de Lisbonne après le tremblement de terre de 1755,* gravure n° 2 : *église de Saint-Paul,* 1757 (CH IMV IC 0423-3).

Cette expression de « meilleur des mondes possibles » fait référence à l'optimisme de Leibniz et de Pope, que Voltaire ne cesse de brocarder : « Le *tout est bien* et l'optimisme en ont dans l'aile[6] », écrit-il ainsi à Sébastien Dupont, quelques jours plus tard. La tragédie lisboète, – point de départ d'une vaste réflexion sur l'origine du mal et la nature de la Providence qui aura pour aboutissement la rédaction de *Candide,* en 1758, – donne pour le moment naissance au fameux *Poème sur le désastre de Lisbonne,* publié en 1756 sur les presses des frères Cramer. Les philosophes qui crient « Tout est bien » y sont invités à tirer les conséquences des malheurs de la capitale portugaise :

> Accourez, contemplez ces ruines affreuses,
> Ces débris, ces lambeaux, ces cendres malheureuses,
> Ces femmes, ces enfants l'un sur l'autre entassés,

Sous ces marbres rompus ces membres dispersés [...]
Direz-vous, en voyant cet amas de victimes :
« Dieu s'est vengé, leur mort est le prix de leurs crimes ? »
Quel crime, quelle faute ont commis ces enfants
Sur le sein maternel écrasés et sanglants ?

Le tremblement de terre de Lisbonne reste assurément l'un des événements les plus marquants du XVIIIe siècle et la première catastrophe naturelle qui ait produit des images contemporaines, notamment les dessins de Paris et de Pedegache diffusés sous le titre *Receuil* [sic] *des plus belles ruines de Lisbonne après le tremblement de terre de 1755*[7] (fig. 5).

Autre événement notable, daté du 5 janvier 1757 : l'attentat de Damiens contre Louis XV. Voltaire, qui, au moment où il apprend la nouvelle, écrivait au président Hénault, se déclare horrifié de l'apparition « d'un nouveau Ravaillac » :

Quelle a dû être votre consternation, monsieur ! Pensiez-vous pouvoir voir de pareils crimes dans le temps éclairé où nous sommes ! Hélas les temps éclairés ne sont que pour un petit nombre de gens. La nature humaine est bien abominable, et le meilleur des mondes possibles est bien funeste [...] Je me renferme dans ma solitude et j'y gémis sur le genre humain[8].

Toute la période sera enfin marquée par la guerre de Sept Ans, qui voit, à la suite d'un renversement des alliances, la Prusse de Frédéric II s'opposer à la France et à l'Autriche réconciliées. Après avoir confié à Voltaire que la situation, devenue pour lui catastrophique, ne lui laissait plus d'autre solution qu'une mort au champ d'honneur, Frédéric II remporte, le 5 novembre 1757, la célèbre bataille de Rossbach. Voltaire se trouve alors partagé entre l'admiration qu'il éprouve pour le génie militaire de « Luc » et la déception de voir ses projets quelque peu contrariés : une victoire de la Prusse risque fort, en effet, de lui interdire pour longtemps un retour à Paris, auquel il songe toujours mais qui, en raison de la profonde hostilité de Louis XV, s'avère, à court terme du moins, de plus en plus improbable. L'artiste allemand Heinrich Goeschl (1839-1896) a parfaitement rendu compte des rapports toujours ambigus de Voltaire et Frédéric II dans un groupe en bronze aujourd'hui visible dans le grand salon des Délices et qui représente le philosophe debout, un livre à la main, et Frédéric assis à sa gauche, écoutant la

FIG. 6   GOESCHEL, Heinrich, *Voltaire et Frédéric II de Prusse*, seconde moitié du XIXe siècle, bronze sur socle de bois (CH IMV IC 0040).

lecture. D'un côté, Voltaire admire en Frédéric II l'éminent stratège mais voit en lui un piètre écrivain ; de l'autre, Frédéric admire en Voltaire le plus grand poète de son siècle mais déplore l'attitude du courtisan (fig. 6).

Une production toujours abondante

Durant son séjour aux Délices, Voltaire connaît nombre de difficultés avec la publication de ses œuvres. Certes, il a trouvé dans les frères Gabriel & Philibert Cramer les éditeurs qu'il lui fallait : leur proximité géographique, leur disponibilité & leur savoir-faire sont des atouts dont l'écrivain connaît le prix. Mais l'impression problématique de son *Histoire universelle*, qui, après être parue en deux tomes, en compte finalement sept & devient l'*Essai sur l'histoire générale & sur les mœurs & l'esprit des nations depuis Charlemagne jusqu'à nos jours*, les versions altérées de *La Pucelle* qui ne cessent de circuler, & contre lesquelles il faut à tout moment inventer une parade, les attaques dont il est l'objet : toutes ces contrariétés le minent profondément. Les frères Cramer parviennent néanmoins à publier, dès 1756, la *Collection complète des œuvres de M. de Voltaire* en dix-sept volumes in-octavo, qui présente la particularité d'être organisée selon un plan thématique.

La première des œuvres à être achevée aux Délices est *L'Orphelin de la Chine*, tragédie créée sur la scène de la Comédie-Française le 20 août 1755, c'est-à-dire quelques mois seulement après l'installation de Voltaire aux Délices. L'auteur s'est beaucoup investi dans cette pièce : il reçoit Lekain, le meilleur comédien de son temps, afin de lui enseigner le rôle de Gengis-Kan ; il suit avec intérêt les démêlés de Mlle Clairon, dont un portrait attribué à Jean-Baptiste Leprince (aujourd'hui visible dans la galerie du musée) rappelle opportunément qu'elle avait choisi de jouer avec une robe sans panier & sans manches, & de porter, pour ajouter à la vérité du costume, une aigrette « chinoise » (fig. 7) ; il fait enfin, dès la première scène du premier acte, l'éloge du

FIG. 7 LEPRINCE, Jean-Baptiste, Mlle *Clairon dans le rôle d'Idamé*, huile sur toile.

confucianisme, éloge que l'on retrouve dans l'*Essai sur les mœurs* et qui rythmera, sur le plan philosophique, les ultimes compositions ferneysiennes.

Tant *L'Orphelin de la Chine* que l'*Essai sur les mœurs* tendaient d'ailleurs, par leur observation suivie de rites lointains, à relativiser la tradition judéo-chrétienne &, par conséquent, à affaiblir la crédibilité des trois religions monothéistes. On conçoit que cette tentation d'un dépassement de la vérité révélée au profit d'un « déisme » assez peu soucieux des Écritures n'ait guère été goûtée des autorités religieuses. Les calvinistes genevois ne sont d'ailleurs pas épargnés. Voltaire évoque en effet, dans l'édition de 1756 de son *Essai sur les mœurs*, « l'esprit tyrannique » de Calvin & la « haine théologique » qui l'a poussé, en son temps, à faire exécuter Michel Servet :

> Quand son ennemi fut aux fers, il lui prodigua les injures & les mauvais traitements que font les lâches quand ils sont maîtres. Enfin, à force de presser les juges, d'employer le crédit de ceux qu'il dirigeait, de crier & de faire crier que Dieu demandait l'exécution de Michel Servet, il le fit brûler vif, & jouit de son supplice, lui qui, s'il eût mis le pied en France, eût été brûlé lui-même ; lui qui avait élevé si fortement sa voix contre les persécutions[9].

Les Délices voient donc fleurir quelques œuvres importantes : citons encore l'*Histoire de l'empire de Russie sous le règne de Pierre le Grand*, commande faite en 1757 par l'impératrice Élisabeth Pétrovna, *Tancrède*, une tragédie qui sera achevée à Ferney, & plusieurs dizaines de textes pour l'*Encyclopédie*, au premier rang desquels les articles « Histoire » & « Français ». L'œuvre majeure de cette période reste toutefois *Candide*, que Voltaire a commencé d'écrire à Lausanne durant l'hiver 1757-1758, mais qu'il achève durant les trois derniers mois de l'année 1758, passés aux Délices. *Candide*, imprimé en janvier 1759 par les frères Cramer, devient un véritable événement éditorial.

Le 15 janvier, Gabriel & Philibert Cramer ont achevé l'impression du premier tirage : mais il convient de ne pas le distribuer trop rapidement. C'est donc le plus discrètement possible que plusieurs ballots sont expédiés à travers l'Europe afin, selon une stratégie de diffusion qui n'a rien à envier aux techniques actuelles, de créer un effet d'attente & de surprise. Voltaire, de concert avec les deux frères, alimente parallèlement les querelles naissantes sur le manque d'orthodoxie d'un texte dont, selon sa coutume, il feint d'apprendre l'existence. Sa lettre du 12 mars 1759 à Jean-Robert Tronchin est, à cet égard, un morceau d'anthologie :

> L'abbé Pernetti soutient toujours que j'ai fait voyager le philosophe Pangloss & Candide, mais comme je trouve cet ouvrage très contraire aux décisions de la Sorbonne & aux décrétales je soutiens que je n'y ai aucune part[10].

On trouve trace de l'actualité récente dans plusieurs chapitres de *Candide*, à commencer, bien sûr, par le tremblement de terre de Lisbonne, agrémenté, dans le conte voltairien, d'un bel autodafé (fig. 8) :

Après le tremblement de terre qui avait détruit les trois quarts de Lisbonne, les sages du pays n'avaient pas trouvé un moyen plus efficace, pour prévenir une ruine totale, que de donner au peuple un bel autodafé ; il était décidé par l'université de Coimbre que le spectacle de quelques personnes brûlées à petit feu, en grande cérémonie, est un secret infaillible pour empêcher la terre de trembler [...] Le même jour la terre trembla de nouveau avec un fracas épouvantable[11].

Candide restera un des plus grands succès du siècle : on ne compte pas moins de dix-sept éditions pour la seule année 1759. C'est, encore aujourd'hui, l'œuvre la plus communément citée de toute la production voltairienne. Les pastiches et imitations du conte se comptent par dizaines, le plus célèbre d'entre eux restant bien entendu le *Candide* de Bernstein, marqué par l'ambiance particulière du maccarthysme.

FIG. 8 VOLTAIRE, *Candide ou l'optimisme*, « Comment on fit un bel autodafé pour empêcher les tremblements de terre, et comment Candide fut fessé », Illustrations de Vanhamme, Grenoble, Roissard, 1954, p. 52 (CH IMV D Candide 1954|1).

De nombreux visiteurs

Sans aller jusqu'à faire de la maison de Saint-Jean « l'auberge de l'Europe » que deviendra, quelques années plus tard, le château de Ferney, nombreux sont les visiteurs à s'être rendus aux Délices. Certains y ont séjourné, d'autres n'ont fait que passer... Nous ne retiendrons, pour cette galerie de portraits, que cinq d'entre eux, parmi les plus célèbres.

L'un des tout premiers, nous l'avons vu, n'est autre que le comédien favori de Voltaire, Henri-Louis Lekain (1729-1778). Apprenant, en mars 1755, que le célèbre acteur doit séjourner à Lyon, Voltaire lui écrit :

> Vous allez sans doute recueillir à Lyon autant d'applaudissements et d'honoraire qu'à Dijon. Si après cela vous avez le courage de venir chez moi, il faut que vous ayez encore celui d'y être très mal logé et très mal couché : mes Délices sont sens dessus dessous... Ma maison est précisément à la porte de Genève, et je vous enverrai un carrosse qui vous prendra en chemin le jour de votre arrivée[12].

Ce moment ne tarde pas, et Voltaire accueille plusieurs jours durant son comédien favori. Il fait à son ami et principal confident d'Argental, le 2 avril, le récit de ces émouvantes journées :

> Le Kain a été, je crois, bien étonné : il a cru retrouver en moi le père d'Orosmane et de Zamor, et il n'a trouvé qu'un maçon, un charpentier et un jardinier. Cela n'a pas empêché pourtant que nous n'ayons fait pleurer presque tout le Conseil de Genève ; la plupart de ces messieurs étaient venus à mes Délices, nous nous mîmes à jouer *Zaïre* pour interrompre le cercle ; je n'ai jamais vu verser plus de larmes ; jamais les calvinistes n'ont été si tendres[13].

C'est précisément dans le rôle d'Orosmane que le peintre Simon-Bernard Lenoir (1729-1791) a choisi de représenter Lekain (fig. 9). Ce tableau, qu'on peut admirer dans la galerie des Délices, figure le sultan sur le point de prononcer l'hémistiche fameux « Zaïre, vous pleurez » (acte IV, scène II). La tragédie s'est régulièrement maintenue sur la scène de la Comédie-Française jusqu'à la veille de la Seconde Guerre mondiale.

Le mardi 14 octobre 1755, Thieriot annonce à Voltaire deux visiteurs, parmi lesquels un certain Palissot, qui doit étonner son hôte « par sa mémoire aussi rare que son goût[14] ». Charles Palissot de Montenoy (1730-1814) est alors âgé de vingt-cinq ans, et ne s'est pour l'heure fait connaître que par deux mauvaises pièces. Voltaire savait-il qu'il accueillait aux Délices celui qui, quelques semaines plus tard, le 26 novembre exactement, allait donner sa comédie du *Cercle* sur le théâtre de Lunéville ? Dans cette comédie, Palissot se moque ouvertement de Jean-Jacques Rousseau et, à travers lui, commence à égratigner la clique des philosophes. Cette veine anti-philosophique

FIG. 9 LENOIR, Simon-Bernard,
*Portrait de Lekain en costume
d'Orosmane*, troisième quart
du XVIIIe siècle, huile sur toile
(CH IMV IC 0022).

FIG. 10 HUBER, Jean, *Portrait de
l'artiste,* vers 1765-1770, pastel sur
papier (MAH 1890-7).

ira d'ailleurs croissant, avec la publication, en 1757, de ses *Petites lettres sur de grands philosophes*, puis celle de sa fameuse comédie des *Philosophes* (1760), où seront malmenés la plupart des encyclopédistes. Voltaire, qui n'est pas compris dans le nombre, ne lui tiendra pas rigueur de ses écrits, puisqu'il accusera réception de *La Dunciade, ou la guerre des sots*, que Palissot lui fera parvenir en 1764.

C'est au cours de l'année 1756, quelques mois après le passage de Palissot, que Voltaire reçoit la visite du peintre Jean Huber (fig. 10). Celui-ci, né à Chambéry en 1721, s'attachera très vite au patriarche : les découpures en papier qu'il a faites de son hôte et les quelques caricatures qu'il a prises sur le vif en font presque un familier des Délices puis de Ferney. Le 25 avril 1760, alors qu'il est encore aux Délices, Voltaire tente de décrire à Watelet ce qu'il voit de ses fenêtres : « Je voudrais trouver quelque Claude Lorrain qui peignît ce que je vois de mes fenêtres. » Suit une longue description de « l'amphithéâtre » qui s'offre à lui, bordé de « montagnes couvertes de glaces éternelles ». Et la conclusion s'impose :

> Si M. Huber voulait s'amuser à peindre ce beau site, j'en ferais encore plus de cas que de ma découpure en robe de chambre[15].

Huber, de par sa familiarité avec Voltaire, sera surnommé « Huber-Voltaire ». On lui doit, outre des silhouettes découpées, quelques très belles œuvres au nombre desquelles l'huile sur toile *Voltaire et les paysans* (fig. 11).

Observons un moment ce tableau. C'est en avril 1768 que l'épouse du peintre fait part à Lord Palmerston d'un projet de plusieurs petites huiles réunies sous le sobriquet de « Voltairiade » et « qui représenteront diverses scènes de la vie domestique de Voltaire[16] ». Huber avait déjà offert à Catherine II l'une de ses esquisses, à savoir

> une vue des Alpes où est Voltaire comme hors-d'œuvre avec un geste d'enthousiasme en voyant un groupe de villageois ; il est très ressemblant[17]...

Garry Apgar, le meilleur spécialiste de l'œuvre peint de Jean Huber, dit avoir repéré cinq variantes de cette scène de genre, sans compter « un panneau qui provient des Tronchin » et « un tableautin peint sur bois[18] » auquel on peut même soupçonner Jean-Étienne Liotard d'avoir mis la main. C'est dire l'importance d'un motif dont les déclinaisons mettent en relief l'ambiguïté des

rapports de Voltaire & de Jean Huber (nous y reviendrons) & la difficulté de rendre compte de la vie du patriarche des Délices & de Ferney.

Du 10 au 30 août de la même année a lieu aux Délices un des événements majeurs de la décennie : la rencontre de Voltaire & de d'Alembert (fig. 12). Ce dernier s'était annoncé par une lettre du 28 juillet : « Puisque la montagne ne veut pas venir à Mahomet, il faudra donc, mon cher & illustre confrère, que Mahomet aille trouver la montagne[19]. » Le but avoué de son voyage est de « connaître » ce qui peut être utile « pour le bien de notre *Encyclopédie*[20] ». De fait, tout Genève se presse aux Délices pour le voir. Il songe, pendant ce temps, à son article « Genève » destiné à l'*Encyclopédie*, dont il médite le plan. Deux questions, on le sait, seront à l'origine des virulents débats suscités par cette contribution : celle du prétendu socinianisme[21] des pasteurs genevois et celle de l'installation éventuelle d'un théâtre à Genève. Présent aux Délices dès le 10 août 1756, d'Alembert réunit les matériaux qui lui sont nécessaires. Après avoir prévenu qu'il était « historien » & non « controversiste », il écrit – & l'on imagine la fureur du Consistoire & de toute âme bien-pensante à cette formule :

la religion y [à Genève] est presque réduite à l'adoration d'un seul Dieu, du moins chez presque tout ce qui n'est pas peuple : le respect pour J.-C. et pour les Écritures sont peut-être la seule chose qui distingue d'un pur déisme le christianisme de Genève[22].

Voltaire, de son côté, ne se félicite que trop du passage du mathématicien en sa demeure. On devine aisément pourquoi.

Début juillet 1758, Anne-Marie du Bocage (1710-1802) enfin, auteur de *La Colombiade*, passe à Genève. Tout l'enchante aux Délices, à commencer par le maître de maison :

Cet Orphée qui attire à lui tout ce qui passe à cent lieues à la ronde, eut la bonté de retarder son départ, de nous loger dans sa charmante habitation, de quitter son lit de sybarite, et de m'y mettre, moi qui, par goût, couche à Paris sur un chevet de carmélite, et depuis deux mois par nécessité sur la paille, de cabaret en cabaret. Enfin je ne pouvais dormir aux Délices à force d'en avoir[23].

Coiffée la veille par Voltaire d'une couronne de laurier, Mᵐᵉ du Bocage, qui écrit le 8 juillet, trouve à son « Homère » « toutes les grâces et l'à-propos que l'esprit répand sur la politesse[24] ». Il est plus difficile, en revanche, de savoir ce que Voltaire pensait de Mᵐᵉ du Bocage. Il ne goûtait probablement pas fort son talent, puisqu'il n'avait même pas conservé l'exemplaire qui lui avait été offert, en 1756, de *La Colombiade*. Mais était-il allé, comme le prétend Mᵐᵉ d'Épinay, jusqu'à tourner en parodie, par une mimique expressive, le couronnement du 7 juillet au soir ?

Parmi les hôtes des Délices figurent encore Charles de Brosses, Pierre Mussard, Jacob Vernes, Antoine Lullin De la Rive, Gabriel Sénac de Meilhan, Thomas Pitt (frère de William Pitt, premier ministre d'Angleterre), George Keith, la comtesse de Bentinck, la famille Pictet, Mme d'Épinay, Grimm... Présent également, fût-ce à distance, Jean-Jacques Rousseau, qui répond à l'article « Genève » de l'*Encyclopédie* par sa *Lettre à d'Alembert sur les spectacles* et se sentira visé, fût-ce indirectement, par *Candide*.

S'il fallait, avant de quitter Voltaire, résumer en une ou deux formules l'état d'esprit qui est le sien durant son séjour aux Délices, peut-être pourrait-on se rappeler qu'il souhaitait d'abord, en s'établissant à la fois à Genève et à Lausanne, « tenir à la liberté de tous les côtés » et « [s]e promener d'un bout du lac à l'autre[25] ». L'expression de « vie patriarcale », qui sera abondamment reprise et déclinée dans tous les ouvrages relatifs à sa vie et à son œuvre, apparaît dans une lettre du 24 mars 1755 à la comtesse de Lutzelbourg. Le nouveau maître des Délices oublie, dans son « ermitage », tous les soucis causés par « les rois, les cours » et « les sottises des hommes » :

> Je finis enfin par mener une vie patriarcale, c'est un don de dieu qu'il ne nous fait que quand on a barbe grise, c'est *le hochet de la vieillesse*[26].

Une vieillesse plutôt active, comme on a pu le constater. Voltaire quitte Genève en octobre 1760 pour s'établir définitivement à Ferney. Les Délices ne seront pas abandonnés pour autant : le patriarche ne les revend à la famille Tronchin que cinq ans plus tard. Commence alors, pour l'ancienne maison de Jean-Jacques Mallet, une nouvelle histoire.

De Voltaire à Theodore Besterman

François Tronchin, nouveau résident des Délices, commande une des transformations les plus importantes de la maison d'un point de vue décoratif : il demande très probablement à l'artiste genevois Jean Jaquet (1754-1839) – qui revient d'un séjour de dix ans à Paris auprès de Vernet et de Pajou – des boiseries de style Louis XVI pour le grand salon (fig. 13). Carl Magnusson[27] a montré combien Jean Jaquet était prisé par la société genevoise. Les boiseries des Délices sont assez semblables à celles de la campagne voisine de la

famille Masset et de la maison du Reposoir. François Tronchin fait également construire l'escalier qui mène du rez-de-chaussée au sous-sol, où se trouvent les cuisines ; il adapte l'environnement extérieur au goût de l'époque. L'ère Tronchin correspond de surcroît à la période romantique, ce dont va témoigner l'aménagement des jardins : les belles terrasses et jardins à la française cèdent la place à des jardins à l'anglaise. Le nouvel espace est fait de chemins tortueux, abrite une végétation en apparence non domestiquée, présentant un aspect plus *naturel*. Les jardins anglais sont entre autres caractérisés par la présence d'arbustes, de fourrés et d'éléments architecturaux qui participent à la décoration, avec la maison de maître au centre du tableau. Les Tronchin agrandissent le domaine et lui agrègent au fil du temps une série de petites parcelles adjacentes. François Tronchin achète notamment la parcelle dite *les petits Délices* qui se situe de l'autre côté de la rue des Délices, face à la carpière de Voltaire. La « campagne Tronchin » connaît son étendue maximale en 1840. La propriété est ensuite scindée en deux parties : la maison de maître et les jardins d'une part, les dépendances d'autre part.

Jean-Louis Fazy (1732-1803) – grand-père de James Fazy (1794-1878), qui transforme Genève d'un point de vue politique et modifie en profondeur l'agencement du territoire – devient le propriétaire des dépendances et des terrains qui se trouvent au nord de la maison de maître. Il en profite alors pour morceler toutes ses parcelles et construire une série d'immeubles. Il prévoit en effet l'agrandissement de la ville de Genève et le démantèlement des fortifications, entrepris par son petit-fils quelques décennies plus tard, à l'issue de la Révolution radicale (1846). La maison de maître est également divisée mais en appartements locatifs. La documentation existante n'est pas très bavarde sur l'identité des locataires.

Il est toutefois un visiteur aisément identifiable. Le compositeur des *Troyens*, Hector Berlioz, fait en effet une halte à Genève, dont il loue le climat bienfaisant :

> Je suis arrivé hier et déjà je me sens bien mieux portant qu'à Paris [...] Je suis logé à *l'hôtel de La Métropole* sur le bord du lac, en face d'un beau square-jardin. C'est plein d'air et de lumière et je suis à trois pas du quai des eaux vives où demeure la famille Fornier[28].

Berlioz rend visite à plusieurs reprises à Estelle Fornier. Il séjourne d'abord dans les environs du quai des Eaux-Vives (devenu depuis le quai Gustave-Ador) où réside la famille Fornier, qui déménage ensuite aux Délices, où elle reste très exactement de mars 1866 à avril 1867. Estelle occupe alors la pièce qui a abrité la bibliothèque de Voltaire[29].

Environ cinq ans plus tard, après la déroute de l'armée de Bourbaki lors de la guerre franco-prussienne, le Comité international de la Croix-Rouge, récemment créé, utilise les Délices pour y accueillir un grand nombre de soldats blessés. Il faut croire que le climat vanté par Voltaire lors de son séjour et également apprécié par Berlioz s'avère propice au rétablissement des soldats défaits. C'est également durant cette période que Genève vit au rythme de l'effervescence que suscite la fondation de la Croix-Rouge par Henry Dunant et Gustave Moynier. La campagne de Bourbaki permet au CICR de mener sa première grande action humanitaire et la fonction assignée aux Délices témoigne de l'attention portée par les citoyens genevois à cette noble cause : les propriétaires de l'ancienne résidence de Voltaire, et bien d'autres d'ailleurs, n'hésitent pas à mettre à disposition leurs maisons de campagne afin de les transformer en dispensaires pour les soldats blessés. Il nous reste très heureusement de cet épisode une vingtaine de photographies d'époque (fig. 14 et 15).

FIG. 14 Ambulance des Délices.
Madame Nicolas Schlumberger, née
Hartmann, et ses blessés, Genève, [s.n.],
1870, photographie (CH IMV IC 0418).

FIG. 15 Ambulance des Délices, Genève,
Émile Pricam – Atelier photographique
de la Bourse, 1870, photographie
(CH IMV IC 0419).

La propriété voit ainsi se succéder une multiplicité de propriétaires, de locataires et d'affectations, de la résidence de campagne à la maison de repos pour soldats. Au tournant du siècle les affaires deviennent plus claires : la maison est propriété de la Caisse hypothécaire du canton de Genève, puis de Jean Weber et finalement de la famille Streisguth jusqu'à son achat par la Ville de Genève en 1929. C'est notamment grâce à Mme Jenny Rapp, née Streisguth, que les boiseries de Jean Jaquet sont confiées au Musée d'art et d'histoire. Un siècle après leur installation, Jenny Rapp réalise qu'elles subissent d'énormes détériorations et qu'il faut les sauver d'une manière ou d'une autre. La solution trouvée consiste à les déposer et à aménager une salle ad hoc au sein du Musée d'art et d'histoire créé vingt ans plus tôt. Les boiseries sont installées dans une pièce aménagée selon une configuration quasi identique à celle des Délices, de 1929 à 1994, moment où elles réintègrent leur emplacement d'origine à l'occasion du tricentenaire de la naissance de Voltaire et de la restauration complète du bâtiment.

Mais le chemin est encore long jusqu'à cette rénovation de 1989-1994. La maison de maître a en effet très souvent été la proie des appétits immobiliers des promoteurs. Confrontée à deux reprises, en 1913 et en 1928, à des velléités de démolition, elle est toutefois épargnée. En 1929 la Ville de Genève est appelée à préserver le patrimoine voltairien et à acheter la maison de maître. La vente se fait le 1er août 1929 par la fille de Mme Jenny Rapp-Streisguth pour un montant de 200 000 francs suisses. Cette acquisition a préalablement reçu l'autorisation du Conseil municipal le 18 juin 1929 et l'approbation du Conseil d'État le 19 juillet de la même année. Au moment de l'achat, la commission des monuments et sites demande un classement immédiat de la maison et du parc. Il faudra toutefois attendre 1957, une fois l'Institut et Musée Voltaire fondé, pour voir cette requête aboutir.

L'affectation des Délices a de même longtemps posé problème[30]. La demeure pouvait devenir « une école enfantine, la galerie servant de salle de jeux », mais aussi « un pensionnat de jeunes filles tenu par des privés ». Dernière solution, finalement retenue : proposer des appartements mis en location par la Ville[31].

Une fois réglés les questions financières et le problème de l'affectation de la maison, sa rénovation est mise à l'ordre du jour. Que doit-on restaurer ? Comment faire ? Si le passage de Voltaire aux Délices est l'argument principal, et d'ailleurs le seul véritablement retenu, pour sauver la demeure de la démolition, les projets montrent qu'il est difficile de restituer l'ensemble du domaine dans la configuration qui était la sienne au xviiie siècle. Il est alors convenu de trouver une unité de style afin de redonner du cachet à la maison et de redistribuer les pièces d'une manière plus réfléchie. On décide par ailleurs de s'attarder sur l'assainissement du sol et de la façade. Rappelons que Voltaire se plaignait assez fréquemment, dès 1755, de l'inondation de ses caves. Le gros œuvre se limitera à modifier l'encadrement de quelques portes et fenêtres, étant donné que l'aile nord, construite du temps du philosophe, a déjà fait l'objet d'une modification et qu'une partie en a même été détruite au cours du xixe siècle.

Il est parallèlement entrepris un toilettage des jardins environnants. Impossible, bien entendu, pour d'évidentes raisons urbanistiques, de rétablir les jardins à la française ou à l'anglaise des xviiie et xixe siècles. Il est à noter que la carpière de Voltaire, probablement enfouie au moment de la construction de la rue des Délices ou de son élargissement au début du xxe siècle, a été redécouverte lors d'importants travaux menés au cours des années 2006-2007[32].

Les années 1950 marquent un nouveau tournant pour les Délices et les études voltairiennes, avec l'arrivée de Theodore Besterman (1904-1976) à Genève. Theodore Besterman est d'abord un collectionneur de documents patrimoniaux voltairiens. Son projet d'édition des œuvres complètes et de la correspondance de Voltaire va l'occuper le reste de sa vie. En venant à Genève, Besterman demande de pouvoir s'installer aux Délices pour y développer un centre de recherches et un musée : ce faisant, il marque le véritable début de l'aventure de l'Institut et Musée Voltaire[33].

L'accord passé entre la Ville de Genève et le milliardaire anglais prévoit que les fonds voltairiens en possession de celui qui deviendra le premier directeur de l'Institut et Musée Voltaire seront donnés à la Ville, qui s'engage de son côté à restaurer la demeure de telle sorte que Besterman puisse y résider et y développer ses diverses activités scientifiques. Un crédit d'investissement est octroyé en 1953 pour la rénovation de la maison : le rez-de-chaussée est destiné à la vie scientifique et à un espace personnel pour le conservateur ; le premier étage se transforme en deux appartements privés avec trois salles de bain pour M. et Mme Besterman ; quant aux combles, ils sont aménagés de façon à pouvoir loger un concierge et un éventuel domestique. Des boiseries sont prévues pour orner l'entrée des Délices : elles sont attribuées à Jean Jaquet, comme celles déposées au Musée d'art et d'histoire, proviennent de la maison de Villars, au Petit-Saconnex, et sont installées dans la partie privée de la demeure. Il faut compter trois ans, du 4 décembre 1951 – date de la signature de la convention entre Theodore Besterman et la Ville de Genève – à l'automne 1954, pour voir aboutir les travaux de restauration. La nouvelle institution est officiellement créée par arrêté du Conseil administratif le 9 mai 1952[34] et solennellement inaugurée le 2 octobre 1954. Cinquante ans plus tard, le 2 octobre 2004, la création au foyer du Grand Théâtre de la version oratorio de l'opéra *Candide* de Jean-Marie Curti, sur un livret de Colette Tomiche, convoquera le souvenir de cet événement fondateur.

Theodore Besterman devant quitter Genève en 1971, lui succède Charles Wirz, éminent dix-huitièmiste, qui fait de l'Institut et Musée Voltaire, plus de trente ans durant, un incomparable instrument de travail pour les chercheurs du monde entier. La bibliothèque, durant cette période, s'organise : un système de cotation spécifique à l'Institut permet un classement plus efficace des ouvrages toujours plus nombreux qui viennent occuper les rayons ; l'accueil des chercheurs et le développement des relations avec d'autres bibliothèques ou organismes d'étude vont en s'intensifiant ; les collaborations se multiplient. Le phénomène le plus marquant de ces dernières années reste cependant la rénovation de l'ensemble de la propriété. Initiée le 8 septembre 1987 par un crédit de 5 600 000 francs, la restauration de l'Institut débute en 1989 pour s'achever en 1994, c'est-à-dire pour les célébrations du tricentenaire de la naissance de Voltaire. Malgré la lourdeur du chantier, l'Institut et Musée Voltaire ne ferme pas ses portes. Le travail exceptionnel qui est mené par les divers corps de métiers prévoit une rénovation en deux étapes impliquant un déplacement des collections d'un espace à l'autre. Les chercheurs ont ainsi pu poursuivre leurs travaux et préparer au mieux les festivités du tricentenaire de la naissance de François-Marie Arouet. Mais quelle plus belle festivité que de redonner un écrin à la demeure qui accueillit Voltaire à Genève ? C'est précisément cet écrin qu'il convient, à présent, de parcourir ensemble.

Visiter les Délices

C'est aujourd'hui une surface de près de trois cents mètres carrés d'exposition qui est, sur deux étages, proposée aux visiteurs. La distinction entre un rez-de-chaussée dévolu à la collection permanente et un premier étage réservé aux expositions temporaires a été abandonnée en 2013, au profit d'une présentation exclusivement centrée sur Voltaire et l'enseignement des Lumières. Le rez-de-chaussée conserve toutefois, à la suite des travaux de rénovation menés entre 1989 et 1994, une apparence proche de ce que furent autrefois les Délices : c'est particulièrement vrai pour le grand salon.

Mais tout visiteur se doit d'abord d'arpenter la galerie. Elle est ornée de trois trophées surplombant les portes menant à l'entrée principale, à la bibliothèque et au grand salon. Le premier présente les attributs de l'astrologie, le deuxième, ceux du théâtre et de la littérature, et le dernier, ceux de la musique. On suppose que ces trophées ornaient le théâtre de Voltaire, soit aux Délices, soit plus tard à Ferney.

C'est Jean Huber qui, bien entendu, ouvre le bal : n'a-t-il pas été, sinon le plus aimé, du moins le plus productif de tous les portraitistes de Voltaire ? En début de parcours, une huile sur carton intitulée *Le Lever de Voltaire* montre le philosophe sortant de son lit et « sautant dans ses culottes[35] », selon l'expression de Grimm. Son secrétaire, déjà prêt à l'action, est à la table voisine, une plume à la main (fig. 16). Ce petit tableau va donner au patriarche « de l'humeur contre son peintre[36] ». Le malheureux Huber se le fait en effet voler par un graveur qui en diffuse l'image agrémentée de « vers aussi plats que grossiers, dont le sel consiste à dire que Voltaire montre son cul, que d'Alembert le baise, tandis que Fréron le fesse[37] ». Cette péripétie, on le devine aisément, n'était pas faite pour améliorer des rapports qui n'avaient du reste jamais été très chaleureux entre les deux hommes. Voltaire avait ainsi déjà raillé Jean Huber, en 1772, dans son « Épître à Horace » :

> Ainsi lorsque mon pouls, inégal et pressé,
> Faisait peur à Tronchin, près de mon lit placé,
> Quand la vieille Atropos, aux humains si sévère,
> Approchait ses ciseaux de ma trame légère,
> Il a vu de quel air je prenais mon congé ;
> Il sait si mon esprit, si mon cœur est changé.
> Huber me faisait rire avec ses pasquinades,
> Et j'entrais dans la tombe au son de ses aubades.

FIG. 16 HUBER, Jean, *Le Lever de Voltaire*, vers 1767-1772, huile sur papier marouflé sur carton (Fondation Gottfried Keller 1923-28).

Le motif du *Lever de Voltaire* gagne en tout cas toute l'Europe, et arrive même à Saint-Pétersbourg, où Grimm a envoyé, au printemps de 1775, une série d'huiles sur toile signées Jean Huber. L'impératrice Catherine II en accuse réception le 20 janvier de l'année suivante :

> À mon arrivée à Tsarskoïe-Selo j'ai trouvé ces tableaux dans un endroit assez sombre et excessivement froid, de façon que je n'ai éclaté de rire qu'au lever du patriarche. Celui-là est original selon moi : la vivacité de son caractère et l'impatience de son imagination ne lui donnent pas le temps de faire une chose à la fois[38].

Mais quittons Jean Huber pour, au sein des portraits de l'actuelle galerie, retenir deux pastels dont l'exécution est en apparence assez semblable. Le premier d'entre eux (fig. 17) nous présente l'abbé Claude Adrien Nonotte (1711-1773) – ou Nonnotte – peint par son frère Donat (1708-1785). L'abbé Nonotte s'est rendu célèbre par son traité intitulé *Les Erreurs de Voltaire*, dont une première édition paraît en 1762 et qui ne veut rien de moins que relever les fausses citations, les éléments apocryphes et, bien entendu, les principes irréligieux de l'*Essai sur les mœurs*. S'ensuit une longue querelle faite de libelles, de lettres ostensibles, de rééditions et de compléments – querelle d'autant plus âpre que Nonotte est jésuite et que son ordre connaît, dans la décennie 1760, une série de turbulences qui conduiront à son expulsion de France puis à sa dissolution par le bref pontifical *Dominus ac Redemptor Noster*, en 1773. Qu'un bref pontifical mette fin à l'ordre auquel appartenait l'abbé Nonotte peut d'ailleurs paraître singulier quand on sait que c'était déjà un bref de Clément XIII daté du 7 avril 1768 qui l'exhortait à poursuivre la lutte contre l'auteur du *Dictionnaire philosophique*... Ce dernier multiplie les attaques contre le malheureux abbé qui doit, l'année même où il reçoit l'encouragement papal, essuyer une violente diatribe intitulée *Lettre d'un avocat de Besançon au nommé Nonotte, ex-jésuite*. Le ton y est d'une causticité rare, proche du libelle intitulé *Le Sentiment des citoyens* que Voltaire avait rédigé quelques années auparavant contre Jean-Jacques Rousseau :

> Je n'ai point voulu t'outrager en disant que toute ma famille a vu ton père scier du bois à la porte des jésuites : c'est un métier très honnête, et plus utile au public que le tien, surtout en hiver, où il faut se chauffer. Tu me diras peut-être que l'on se chauffe aussi avec tes ouvrages ; mais il y a bien de la différence : deux ou trois bonnes bûches font un meilleur feu que tous tes écrits[39].

Notre second pastel représente l'abbé Vincent Mignot (1725-1791), neveu de Voltaire[40] (fig. 18). Rappelons que Mignot est né à Paris en 1725, qu'il reçut plusieurs bénéfices, entre autres l'abbaye de Scellières, en Champagne. On lui doit quelques ouvrages d'érudition et des soins infinis apportés à la mémoire de son oncle. C'est en particulier lui qui signe, aux côtés du marquis de Villevieille, la profession de foi que fit Voltaire peu avant sa mort, et c'est encore à lui que l'on doit la conservation du corps du philosophe : il fait en effet discrètement porter et enterrer le corps à Scellières, avant que ne parvienne l'interdiction de l'évêque de Troyes. Ses efforts ne seront pas récompensés : il meurt en effet en 1791, et c'est la même année seulement que les

FIG. 17   NONOTTE, Donat, *Portrait de l'abbé Claude-Adrien Nonotte*, seconde moitié du XVIIIᵉ siècle, pastel sur papier (CH IMV IC 0290).

FIG. 18   École française, *Portrait de l'abbé Vincent Mignot*, seconde moitié du XVIIIᵉ siècle, pastel sur papier (CH IMV IC 0293).

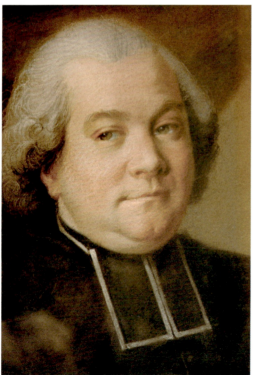

restes de Voltaire seront triomphalement portés au Panthéon. Grimm, dans sa *Correspondance littéraire*, établit une comparaison amusante entre Voltaire et l'abbé Mignot :

> L'oncle est sec comme une allumette, le neveu est gros comme un tonneau ; l'oncle a des yeux d'aigle, le neveu a la vue basse. Tout ce qui les rapproche, c'est que le neveu est un fort honnête homme, et que l'oncle est un bienfaisant, malin et charmant enfant[41].

Le grand salon est assurément la pièce la plus importante de la maison, celle où, près de la cheminée, pouvaient s'engager les conversations. La restauration du bâtiment entre 1989 et 1994 a permis le rapatriement dans cet espace des boiseries de Jean Jaquet, jadis déposées, nous l'avons vu, au Musée d'art et d'histoire. L'ensemble des éléments patrimoniaux présentés dans le grand salon se compose d'une cheminée en marbre blanc avec un trumeau sculpté à miroir, de trois consoles et trumeaux sculptés à miroir et de trois portes avec dessus-de-porte sculptés. Le mobilier est enfin celui de Voltaire, avec notamment deux commodes aux plateaux de marbre gris veiné de blanc et de rouge pour la première et bordé d'une moulure en cuivre pour la seconde, ainsi que plusieurs fauteuils et chaises Louis XV qui proviennent tous du château de Ferney (fig. 19). Cependant ce sont deux portraits qui attirent immédiatement l'attention du visiteur.

Le premier est le *Portrait de Voltaire en 1718, à l'âge de vingt-quatre ans*, par Nicolas de Largillierre (1656-1746) (frontispice). Une note manuscrite sur papier indique, au dos de la toile, que ce portrait avait été offert par Voltaire lui-même à Palissot. La toile, acquise par Theodore Besterman en 1948, n'est-elle qu'une copie de celle actuellement conservée au musée national du château de Versailles et dont le pastel correspondant du musée Carnavalet, longtemps considéré comme l'original, n'est lui-même qu'une réplique[42] ? Une historienne de l'art a récemment développé une autre hypothèse. L'œuvre présentée aux Délices serait due, selon elle, au peintre académicien d'origine flamande Jacques André Joseph Aved (1702-1766), ami des philosophes et des gens de lettres de son temps, et qui tenait salon à Paris, rue de Bourbon (actuelle rue de Lille), en son hôtel des Théatins. Le jeune Arouet était, en 1718, « trop peu connu et peu argenté [...] pour s'offrir un tableau chez le grand Largillierre[43] ». Quant au tableau de Versailles, seule la « tradition » en attribue la paternité au célèbre portraitiste : il est d'ailleurs

FIG. 19 Le grand salon des Délices.

« très sophistiqué » et d'une « artificialité » qui ne pouvait que déplaire à l'écrivain en devenir qu'était alors Voltaire. Une observation plus minutieuse du style de l'artiste permet d'ailleurs d'aboutir à des conclusions similaires :

> On peut [...] penser sans beaucoup se tromper que Voltaire a souhaité le portrait peu onéreux d'un jeune peintre recherché pour son art naturel [...] La stylistique très particulière de l'œuvre des Délices doit être vue [...] comme l'empreinte d'un peintre débutant peignant un Arouet amoureux, dont le regard rêveur et lointain n'est pas celui, froid et impersonnel, du célèbre Largillierre[44].

Largillierre ou Aved ? Original ou copie « médiocre[45] » ? Si les débats sur ce point restent ouverts, cette toile n'en reste pas moins une excellente entrée en matière sur la vie de Voltaire avant son installation aux Délices, qu'il s'agisse de sa première période « parisienne », contemporaine de la création d'*Œdipe*, ou de l'époque de ses premiers essais polémiques.

C'est peut-être dans le même esprit qu'il faut considérer le *Portrait de Mme du Châtelet* attribué à Jean-Marc Nattier (1685-1766). Ce portraitiste n'a pas toujours eu bonne presse. C'est ainsi que Pierre Nolhac écrit, en introduction de l'essai qu'il lui consacre en 1925, qu'«il ne faut pas [le] juger sur les œuvres médiocres qui portent son nom dans beaucoup de musées et dans quelques collections particulières[46]». Nattier est pourtant un enfant de la balle puisque son père, Jean (1642-1705), était un peintre relativement célèbre et que sa mère, Marie Courtois (1655-1703), était elle-même miniaturiste. Il va de fait exceller à faire de ses modèles (essentiellement féminins) autant de nymphes ou de déesses. Parmi ses œuvres principales, citons le *Portrait en Diane* de Mme Adélaïde de France (1742), celui de Marie Leczinska, reine de France (1748) ou celui de la marquise de Pompadour (1748). On trouve dans l'œuvre de Nattier, outre l'huile sur toile du grand salon des Délices, un autre portrait de Mme du Châtelet, portant un col de fourrure avec, à sa gauche, une sphère et, à sa droite, en fond de toile, une bibliothèque.

Mais justement : notre portrait d'Émilie du Châtelet est-il bien un Nattier[47] ? Et Nattier a-t-il d'ailleurs réalisé plusieurs compositions de Mme du Châtelet ? Une question similaire avait donné lieu, au milieu du XIXe siècle, à un dialogue des plus vifs entre un expert soupçonné d'incompétence et le propriétaire d'un Nattier censé représenter Mme du Châtelet, et représentant en fait la célèbre Mme Geoffrin :

> «Si c'est bien un Nattier, qu'est-ce que ça vous fait que ce soit Mme Geoffrin ou Mme du Châtelet ?
>
> — Qu'est-ce que ça me fait ? Vous êtes bon vous ! Vous croyez que c'est la même chose d'avoir, accroché à son mur, une roturière ou une marquise[48] ?»

Du moins sommes-nous sûrs, à défaut de l'identité du peintre, de la *qualité* du portrait des Délices. Rappelons que Gabrielle-Émilie Le Tonnelier de Bréteuil (1706-1749) rencontre Voltaire en 1733 et s'établit rapidement avec lui au château de Cirey-sur-Blaise. Très grande femme de science, familière des théories de Newton, de Leibniz et de Christian Wolff, elle correspond avec de nombreux savants, parmi lesquels Maupertuis, Clairaut ou Samuel Koenig. On lui doit plusieurs ouvrages dont une importante *Lettre sur les Éléments de la philosophie de Newton* (1738), des *Institutions de physique* (1740) et le célèbre *Discours sur le bonheur* (1779).

La statuette de Jean-Robert-Nicolas Lucas de Montigny intitulée *Voltaire debout & lisant* est, elle, entrée à l'Institut & Musée Voltaire dans les derniers jours de 1957. Mise en vente en octobre, elle est acquise par la famille Pictet, qui en fait don à la Ville de Genève. Theodore Besterman n'avait certes pas caché, dans une lettre à Albert Pictet datée du 17 octobre, que Lucas de Montigny avait été «complètement perdu de vue depuis de très nombreuses années[49]». Mais c'est précisément cet apparent désintérêt qui, selon lui, conférait à la statuette tout son intérêt : «Les pièces de Lucas de Montigny sont extrêmement rares[50].» Et d'évoquer, en deux lignes, les «raisons esthétiques & documentaires[51]» qui motivaient, à ses yeux, l'acquisition de cet objet singulier[52].

Rappelons que Jean-Robert-Nicolas Lucas de Montigny (1747-1810), après avoir été formé à Rouen, où il est né, fut l'élève de Pigalle à l'École des beaux-arts. S'il faut attendre le Salon de 1791 pour voir quelques-unes de ses œuvres exposées, parmi lesquelles notre *Voltaire debout*, Lucas de Montigny n'en est pas moins un témoin important de la mutation qui s'opère dans les mœurs & la vie sociale à cette époque, & dont le portrait sculpté rend clairement compte. Le *Voltaire debout & lisant* confirme la propension de Lucas de Montigny à préférer le costume contemporain à la draperie «à l'antique» (on songe naturellement au *Voltaire assis* de Houdon, qui date de la même époque). S'agissant des «accessoires», Voltaire, outre le livre qu'il tient de la main gauche, dispose à ses pieds de plusieurs volumes dont un, ouvert, présente les titres de quatre tragédies : *Zaïre*, *Alzire*, *Mérope* & *Brutus*. Quelques attributs allégoriques viennent compléter la scène : on distingue une lyre, un masque, une sphère, un glaive &, naturellement, la couronne de lauriers, désormais inséparable, dans l'imaginaire collectif, de la séance du «couronnement» de Voltaire le 30 mars 1778, à la Comédie-Française. Il n'est d'ailleurs pas étonnant que Lucas de Montigny ait privilégié l'homme de théâtre : outre que cette dimension de l'œuvre du résident de Ferney l'emporte encore, avant la Révolution, sur l'aspect plus politique de l'engagement voltairien, on sait que le sculpteur a travaillé à la représentation des interprètes les plus prestigieux : on lui doit ainsi un portrait de la Saint-Huberty dans le rôle de Didon, exécuté après 1784, & un autre de l'acteur Préville dans le rôle de Figaro.

L'œuvre la plus importante du musée reste cependant le *Voltaire assis* de Jean-Antoine Houdon (1741-1828), que l'on peut admirer au premier étage du musée (fig. 21). Acquise en 1957, cette pièce en terre cuite avait été commandée par Beaumarchais au moment même où l'auteur du *Barbier de Séville*

se lançait dans la formidable aventure de l'édition de Kehl. Dans une contribution à la revue *Genava*, Theodore Besterman insiste sur la particularité de fabri-
cation de la statue : notre *Voltaire assis* est en effet composé « d'un seul bloc,
et non de fragments rassemblés », ce qui est « un phénomène très rare pour
une terre cuite de ces dimensions » et explique que le vide du fauteuil ait été
« comblé[53] » par une pile de livres. Il semblerait que James Pradier, sculpteur
genevois, se soit inspiré de cette œuvre, visible au domicile de Beaumarchais
longtemps encore après la mort du dramaturge, pour élaborer sa propre statue
de Rousseau, inaugurée en 1835 sur l'ancienne île aux Barques (aujourd'hui île
Rousseau) : en témoignent notamment la draperie et les livres visibles sous le
siège, tout à fait conformes aux motifs du *Voltaire assis*. N'est-il pas amusant de
penser que ces deux frères ennemis qu'étaient Voltaire et Rousseau se trouvent
aujourd'hui réunis, à Genève, par la grâce d'un bloc de bronze et d'une statue
en terre cuite ? Hans Erni, célèbre artiste lucernois, n'a pas manqué d'exploiter
ce rapport difficile de deux des principales figures des Lumières[54] (fig. 22).

Du Dieu du jour Vénus fut adorée,

Mais tant d'éclat effraya Cythérée,

Et la Déesse, évitant ses regards,

Pour se cacher, prit les tentes de Mars.
  + prendre des tentes
  † comme si Vénus n'avait couché avec mars que pour ne pas se montrer toute nue a apollon

Couple amoureux, par cette loi prudente,

Le péril cesse & le plaisir augmente;

Redoutez donc le coup d'œil hazardeux

D'un examen fatal à tous les deux † Une faute
par leur supposer des défauts.

Ma voix dictait ces maximes connues,

Quand tout-à-coup fendant le sein des nues,

L'Amour lui même a suspendu mes sons.

" Cesse, a-t-il dit, de trop vagues leçons;

" A mes plaisirs prête un autre langage,

" Fuis le précepte, enseigne par image,

" Monte & suis moi. " Son char étincellant

M'a fait voler par un sentier brullant;

J'ai vu Paphos, Amathonte & Cythère;

Je l'ai suivi dans l'île du mystère.

" Viens,

L'Institut et Musée Voltaire aujourd'hui

Tant l'histoire du lieu que sa vocation patrimoniale permettent d'entrevoir les questions de fond qui se posent aujourd'hui quant à l'identité de l'Institut et Musée Voltaire. De quoi, en fait, s'agit-il? À quel type de patrimoine a-t-on affaire? Telle action visant à mettre en valeur un aspect particulier de l'histoire de la demeure est-elle compatible avec la mémoire voltairienne du lieu? Inversement, ne risque-t-on pas d'occulter, en restant exclusivement focalisé sur le passage de l'auteur de *Candide*, une réalité plus générale, liée à la situation géographique du domaine et aux étapes de son développement, voire de sa dégradation? La question qui se pose est alors double. Comment, d'une part, concilier la mise en valeur du domaine, avec ses caractéristiques architecturales ou ornementales, pour l'essentiel héritées de la période Tronchin, et celle du culte de l'héritage voltairien relancé, voici cinquante ans, par la donation Besterman? Comment, d'autre part, contourner la difficulté de l'intégration mal réussie d'un personnage dont les enseignements, malgré leur valeur universelle, semblent trouver à Genève quelque résistance?

FIG. 23 GENTIL-BERNARD, Pierre Joseph Bernard, dit, *L'art d'aimer*, manuscrit autographe avec notes de Voltaire (CH IMV MS 17).

La période post-bestermanienne a vu les activités de l'Institut se concentrer sur la bibliothèque et les fonds de manuscrits. Le rattachement institutionnel de l'Institut Voltaire à la Bibliothèque publique et universitaire (aujourd'hui Bibliothèque de Genève) en 1973 a permis de confirmer et d'affermir cette dynamique scientifique et culturelle des Délices. L'un des manuscrits les plus spectaculaires reste, à titre d'exemple, celui du poème de Gentil-Bernard, *L'Art d'aimer*, avec corrections autographes de Voltaire.

Pierre Joseph Bernard, dit Gentil-Bernard (1708-1775), envoie à Voltaire son poème de *L'Art d'aimer*, d'après Ovide. Le philosophe en accuse réception et en fait un éloge modéré:

> Ce pauvre Bernard était bien sage de ne pas publier son poème. C'est un mélange de sable et de brins de paille, avec quelques diamants bien taillés[55].

Voltaire n'en corrige pas moins le texte et se livre à plusieurs commentaires des plus intéressants. Plusieurs vers reçoivent ainsi la mention «joli» («Avant l'amour, l'amour-propre était né» ou encore «C'est de l'esprit: car les sots n'aiment point»), tandis qu'un passage entier est qualifié de «bon». D'autres reçoivent encore la mention «contradiction» ou «contresens». Le troisième chant recèle un passage plus croustillant encore. Il y est question des amours, ou plutôt de la pudeur de Vénus :

> Du Dieu du jour Vénus fut adorée,
> Mais tant d'éclat effraya Cythérée,
> Et la Déesse, évitant ses regards,
> Pour se cacher, prit les tentes de Mars[56].

Après avoir marqué son étonnement face à l'expression «prendre les tentes», Voltaire s'insurge : «comme si Vénus n'avait couché avec Mars que pour ne pas se montrer toute nue à Apollon![57]» (fig. 23). Rien n'y fera cependant, et les observations du patriarche ne seront nullement prises en compte par Gentil-Bernard, qui publiera tel quel son poème, deux ans plus tard.

Les manuscrits de l'Institut et Musée Voltaire ont été rassemblés en plusieurs ensembles, chacun d'entre eux étant distingué par une cotation spécifique. Les cotes *numériques* regroupent ainsi des manuscrits préalablement reliés. Le MS 1 est par exemple un recueil factice constitué, en 1788, de plusieurs pièces d'importance : le manuscrit du *Manuel d'Evhémère*, surchargé de corrections et qui sera, avec la copie de Wagnière conservée au département des manuscrits de la Bibliothèque nationale de France, à la base de l'établissement du texte de la future édition des *Œuvres complètes* ; le manuscrit du *Commentaire sur* L'Esprit des lois, où alternent l'écriture de Voltaire et celle de son secrétaire, Jean-Louis Wagnière, et qui promet au chercheur de longues heures de consultation ; *Les Édits de Sa Majesté Louis XVI pendant l'administration de M. Turgot*, texte de 1775 ; plusieurs autres fragments de la main de Voltaire ou de Wagnière ; et enfin deux des pièces majeures de la collection, à savoir le *Résumé du procès-verbal d'Abbeville*, avec les réponses autographes de Voltaire, et le manuscrit d'*Irène*, ultime tragédie du patriarche, d'autant plus important pour tout voltairien que c'est, on s'en souvient, à la septième représentation d'*Irène* que fut organisé, le 30 mars 1778, le fameux *triomphe* de son auteur (fig. 24). Les cotes *lettrées* concernent, de leur côté, la correspondance en possession de l'Institut, le groupe CD étant le seul de cet ensemble à être «fermé», en ce que les lettres qui le composent proviennent toutes du legs Besterman et qu'elles ont servi de base à son édition définitive de la *Correspondance* de Voltaire.

FIG. 24   VOLTAIRE, *Irène*, manuscrit de travail, dans *Recueil factice d'ouvrages et fragments autographes de Voltaire* (CH IMV MS 1), fol. 122 v° et 123 r°.

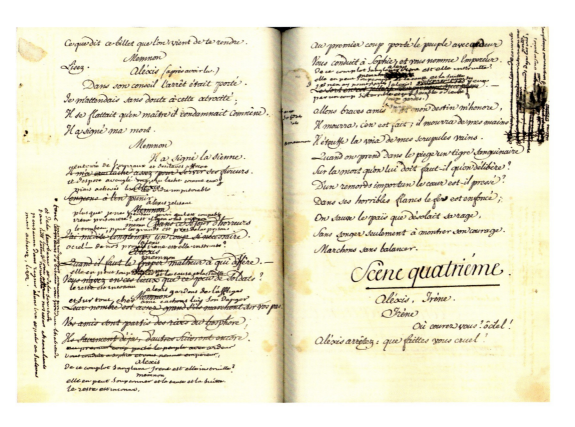

L'une des pièces les plus singulières de cet ensemble reste la lettre apocryphe de Benoît XIV à Voltaire, datée du 15 septembre 1745, et dans laquelle Voltaire, à l'origine de la supercherie, se fait féliciter par le Saint-Père de sa tragédie de *Mahomet*[58]... (fig. 25). C'est d'ailleurs à partir de la lecture de *Mahomet* proposée en 2005 par Hervé Loichemol au théâtre de Carouge et de sa représentation du *Nathan le Sage* de Lessing qu'un colloque sur le théâtre de Voltaire a été organisé à l'Institut en décembre 2005. C'est en cela, on le comprend aisément, qu'une collection est vivante. Loin de n'être destinée qu'à l'admiration de visiteurs de passage, celle des Délices se doit de faire interagir musée et bibliothèque, de dialoguer avec tous les acteurs du monde culturel, de vivifier la mémoire du lieu qui fut pour Voltaire, on l'oublie trop souvent, celui d'une création intense.

La bibliothèque reste de même, depuis sa création par Theodore Besterman, un lieu de conservation et d'échanges tout à fait privilégié. Elle compte aujourd'hui près de 30 000 volumes : au fonds original légué par Besterman sont venues s'ajouter les acquisitions réalisées depuis plus de

Benedictus PP. XIV. Dilecte fili, salutem apostolicam et benedictionem. Settimane sono ci fu presentata da sua parte la sua bellissima Tragedia di Mahomet, laquale leggemmo con sommo piacere. Poi ci presentò il Cardinal Passionei, in di lei nome, il suo eccellente Poema di Fontenoy. Monsignor Leprotti ci diede poscia il Distico fatto da lei sotto il nostro Rittratto. jeri matina il Cardinal Valenti ci presentò la di lei Lettera del 17. Agosto. In questa serie d'azzioni si contingono molti capi per ciascheduno de' quali ci reconosciamo in obligo di ringraziarla. Noi gli uniamo tutti asieme e rendiamo a lei le dovute grazie per così singolare bontà verso di noi, — assicurandola, che abbiamo tutta la dovuta stima del suo tanto applaudito merito.

Publicato in Roma il di lei Distico sopradetto ci fu reforito esservi stato un suo Paesano letterato, che in una publica converzazione aveva detto = peccare in una sillaba, havendo fatta la parola =

Dilecto filio Voltaire, Parisiis.

quarante ans par les différents responsables de l'Institut. Les éditions originales des œuvres de Voltaire, les rééditions du XVIIIe siècle, les contrefaçons, les traductions qui en ont été réalisées dans toutes les langues possibles et les travaux de réception qui, depuis près de trois cents ans, alimentent la réflexion sur l'héritage des Lumières : tels sont les axes principaux d'une politique d'acquisition qui fait de l'Institut et Musée Voltaire l'un des principaux centres de documentation européens sur le XVIIIe siècle.

Quelques imprimés remarquables sont à signaler. Citons en premier lieu deux volumes très importants des *Œuvres* de Voltaire dans une édition de 1748 ayant appartenu à la duchesse de Saxe-Gotha. Rappelons que Voltaire état arrivé à Postdam le 24 juillet 1750 et s'était attelé sans tarder à la correction de ses *Œuvres*, en cours de publication chez l'éditeur Walther, à Dresde. Le 19 septembre, il lui écrit :

> Je vous envoie trois exemplaires de ces feuilles nouvelles que j'ai fait imprimer ici, et que j'ai insérées dans votre exemplaire. Je vous prie de bien vouloir faire relier trois exemplaires complets avec ces additions, et conformément à celui dont vous resterez en possession, et qui vous servira de modèle. Vous me tiendrez ces trois exemplaires prêts, et vous me les enverrez à la fin d'octobre à Berlin par les chariots de poste[59].

C'est seulement l'année suivante que Voltaire offre l'un de ces exemplaires à la duchesse de Saxe-Gotha, comme en témoigne une lettre qu'il lui écrit le 23 mai 1751 :

> Je ne prendrais pas la liberté de présenter à Votre Altesse Sérénissime ce recueil qu'on a fait à Dresde de mes ouvrages, si cet exemplaire n'était, par sa singularité, digne de tenir une place dans votre bibliothèque. Il y a plus de deux cents pages corrigées par ma main, ou réimprimées. Il n'y a que trois exemplaires au monde de cette espèce. J'ai cru remplir mon devoir en envoyant un de ces exemplaires à Madame le Princesse royale de Pologne, et en mettant l'autre à vos pieds[60].

La duchesse de Saxe-Gotha, née princesse de Saxe-Meiningen, avait épousé, en 1729, Frédéric III, duc de Saxe-Gotha-Altenbourg. Elle a reçu Voltaire au château de Gotha durant plus d'un mois, du 21 avril au 25 mai 1753. Ce ne sont pas moins de cent quarante lettres qui ont été échangées entre Voltaire

ctacle au monde pour une cause fort différente. Richard Smith étoit dégoûté d'être réellement malheureux: il avoit été riche & il étoit pauvre, il avoit en de la santé & il étoit infirme. Il avoit une femme à laquelle il ne pouvoit faire partager que sa misere: un enfant au berceau étoit le seul bien qui lui restât. Richard Smith & Bridger Smith, d'un commun consentement, après s'être tendrement embrassez, & avoir donné le dernier baiser à leur enfant, ont commencé par tuer cette pauvre créature, & ensuite se sont pendus aux colomnes de leur lit. Je ne connais nulle part aucune horreur de sang froid qui soit de cette force; mais la Lettre que ces infortunez ont écrite à Mr. Brindlay, leur cousin, avant leur mort, est aussi singuliere que leur mort même.

"Nous croyons, disent-ils, que Dieu nous pardonnera, "&c. Nous avons quitté la vie, parceque nous étions mal-"heureux sans ressource, & nous avons rendu à notre fils "unique le service de le tuer, de peur, qu'il ne devînt aussi "malheureux que nous, &c.

Il est à remarquer, que ces gens, après avoir tué leur fils par tendresse paternelle, ont écrit à un ami pour lui recommander leur chat & leur chien. Ils ont crû, apparemment, qu'il étoit plus aisé de faire le bonheur d'un chat & d'un chien dans le monde, que celui d'un enfant, & ils ne vouloient pas être à charge à leur ami. #

Toutes ces Histoires Tragiques, dont les Gazettes Anglaises fourmillent, ont fait penser à l'Europe qu'on se tuë plus volontiers en Angleterre qu'ailleurs. Je ne sçai pourtant, si à Paris il n'y a pas autant de fous qu'à Londres; peut-être que si nos Gazettes tenoient un Registre exact de ceux qui ont eu la démence de vouloir se tuer & le triste courage de le faire, nous pourrions sur ce point avoir le malheur de tenir tête aux Anglais. Mais nos Gazettes sont plus discretes: les avantures des particuliers ne sont jamais exposées à la médisance publique dans ces Journaux avoüez par le Gouvernement. Tout ce que j'ose

j'ose dire avec assurance, c'est qu'il ne sera jamais à craindre, que cette folie de se tuer devienne une maladie épidémique: la Nature y a trop bien pourvu; l'espérance, la crainte, sont les ressorts puissans dont elle se sert pour arrêter presque toûjours la main du malheureux prêt à se fraper.

On a beau nous dire qu'il y a eu des pays où un Conseil étoit établi pour permettre aux Citoyens de se tuer, quand ils en avoient des raisons valables. Je réponds, ou que cela n'est pas, ou que ces Magistrats avoient très-peu d'occupation. +

Voici seulement ce qui pourroit nous étonner, & ce qui mérite, je croi, un sérieux examen. Les Anciens Héros Romains se tuoient presque tous, quand ils avoient perdu une bataille dans les Guerres Civiles, & je ne vois point que ni du tems de la Ligue, ni de celui de la Fronde, ni dans les Troubles d'Italie, ni dans ceux d'Angleterre, aucun Chef ait pris le parti de mourir de sa propre main. Il est vrai, que ces Chefs étoient Chrétiens, & qu'il y a bien de la différence entre les principes d'un Guerrier Chrétien, & ceux d'un Héros Payen; cependant pourquoi ces hommes, que le Christianisme retenoit, quand ils vouloient se procurer la mort, n'ont-ils été retenus par rien, quand ils ont voulu empoisonner, assassiner, ou faire mourir leurs ennemis vaincus sur des échafauds, &c? La Religion Chrétienne ne défend-elle pas ces homicides-là, encore plus que l'homicide de soi-même?

Pourquoi donc, Caton, Brutus, Cassius, Antoine, Othon & tant d'autres, se sont-ils tuez si résolument, & que nos Chefs de Parti se sont laissez pendre, ou bien ont laissé languir leur misérable vieillesse dans une prison? Quelques Beaux-Esprits disent, que ces Anciens n'avoient pas le véritable courage; que Caton fit une action de poltron en se tuant, & qu'il y auroit eu bien plus de grandeur d'ame à ramper sous César. Cela est bon dans une

A 5   Ode,

Milord Scarborou a quitté la vie depuis peu avec le même sang froid qu'il avoit quitté sa place de grand Ecuyer. on lui reprochoit dans la chambre des Pairs qu'il prenoit le parti de c

Milord, parcequ'il avoit une belle charge à la cour. Messieurs, dit il, pour vous prouver que mon opinion ne dépend pas de ma place, je m'en demets dans l'instant. il se trouva depuis embarassé entre une maitresse qu'il aimoit, mais à qui il n'avoit rien promis, et une femme qu'il estimoit, mais à qui il avoit fait une promesse de mariage. il se tua pour se tirer d'embarras.

Les Apôtres du suicide nous disent qu'il est très permis de quitter sa maison, quand on en est las. d'accord. mais la plûpart des hommes aiment mieux coucher dans une vilaine maison que de coucher à la belle étoile.

J'ai reçu d'un Anglais une lettre circulaire par laquelle il proposoit un prix à celui qui prouveroit le mieux qu'il faut se tuer dans l'occasion: je l'envoyai promener avec son prix; il n'avoit qu'à bien examiner, s'il aimoit mieux la mort que la vie.

40 CANDIDE,
filles, faut-il qu'on vous ait fendu le ventre!

Il s'en retournait se soutenant à peine, prêché, fessé, absous & béni, lorsqu'une vieille l'aborda, & lui dit, mon fils, prenez courage, suivez-moi.

CHAPITRE SEPTIÉME.

Comment une vieille prit soin de Candide, & comment il retrouva ce qu'il aimait.

Candide ne *prit* po'n courage, mais il suivit la vieille dans une mazure: elle lui donnait un pot de pommade pour se frotter, lui laissa à manger & à boire; elle lui montra un petit lit assez propre; il y avait auprès de lui un habit complet. Mangez, buvez,

OU L'OPTIMISME. 41
dormez, lui dit-elle, & que Nôtre Dame d'Atocha, Monseigneur St. Antoine de Padoue, & Monseigneur St. Jaques de Compostelle prennent soin de vous. Je reviendrai demain. Candide toujours étonné de tout ce qu'il avait vû, de tout ce qu'il avait souffert, & encore plus de la charité de la vieille, voulut lui baiser la main. Ce n'est pas ma main qu'il faut baiser, dit la vieille; je reviendrai demain. Frottez-vous de pommade, mangez & dormez.

Candide malgré tant de malheurs mangea & dormit. Le lendemain la vieille lui apporte à déjeuner, visite son dos, le frotte elle-même d'une autre pommade: elle lui apporte ensuite à diner: elle revint sur le soir & apporte à souper. Le surlendemain elle fit encore les mêmes cé-

et la duchesse jusqu'à la mort de cette dernière, à l'âge de cinquante-sept ans, en 1767. L'exemplaire truffé acquis par l'Institut et Musée Voltaire a été catalogué sous la cote A 1748|4 (fig. 26).

Citons encore une des éditions de *Candide* publiées en 1759 qui comprend une correction manuscrite à la page 40 (fig. 27): une main a en effet raturé le mot « prit » et l'a remplacé par « perdit », entraînant une modification du même ordre dans les éditions postérieures.

Voltaire n'est toutefois plus seul à loger aux Délices. Depuis août 2009 la Société Jean-Jacques Rousseau est abritée au premier étage de la maison des Délices. Rappelons que cette société a été fondée le 6 juin 1904 à l'instigation de Bernard Bouvier, professeur à l'université de Genève. Ses statuts lui enjoignent « de développer et de coordonner les études relatives

FIG. 26 VOLTAIRE, *Œuvres de Mr. de Voltaire, nouvelle édition, revue, corrigée et considérablement augmentée par l'auteur; enrichie de figures en taille-douce*, À Dresde: chez George Conrad Walther, 1748-1754, 10 vol., t. 2, p. 8-9 (CH IMV MS 076).

FIG. 27 VOLTAIRE, *Candide, ou l'optimisme*, [s. l.], 1759, p. 40-41 (CH IMV D Candide 1759|13).

à Jean-Jacques Rousseau, à son œuvre et à son époque », de publier une édition critique de ses œuvres et de réunir, « sous le nom d'Archives Jean-Jacques Rousseau, les manuscrits, imprimés, portraits, médailles, souvenirs et autres documents de toute nature qui se rapportent à cet écrivain ». Si l'objectif d'une édition des œuvres complètes de Jean-Jacques Rousseau a été atteint à la fin du XXᵉ siècle grâce à la publication des cinq volumes de la Bibliothèque de la Pléiade, la Société continue à se préoccuper de la réunion et de la préservation du patrimoine rousseauiste. Ce patrimoine, associé aux fonds de la Bibliothèque de Genève, de la Bibliothèque publique et universitaire de Neuchâtel et de l'association Jean-Jacques Rousseau de Neuchâtel, a été inscrit au registre « Mémoire du Monde » de l'UNESCO en mai 2011. Il convient de citer parmi les trésors de cette Bibliothèque la *Collection complète des œuvres de Jean-Jacques Rousseau* publiée de 1780 à 1782 par les soins de la Société typographique de Genève, ensemble provenant de la bibliothèque d'Isaac Bourdillon-Diedey (1758-1820) et agrémenté de son ex-libris (fig. 28).

FIG. 28   Rousseau, Jean-Jacques, *Collection complète des œuvres de Jean-Jacques Rousseau*, 15 vol., t. 9, Genève, [Société typographique de Genève], 1781 (CH SJJR OR 152).

On sait combien Voltaire se plaisait aux Délices : « J'ai la plus jolie maison », écrivait-il en mars 1755, « et le plus beau jardin dont on puisse jouir auprès de Genève. » Un peu d'utile, ajoutait-il, « se trouve joint même à l'agréable[61]. » L'utile et l'agréable sont de même aujourd'hui réunis.

DICTIONNAIRE

DE

MUSIQUE.

Par J. J. ROUSSEAU.

Ut psallendi materiem discerent. Martian. Cap.

GENEVE.

M. DCC. LXXXI.

Notes

1 Martine Koelliker, « *Les Délices* » : *rapport historique*, Genève, Département municipal des beaux-arts, de la culture et du tourisme, décembre 1990.

2 Archives d'État de Genève, *Plans de vérification de la banlieue de Cornavin*, cadastre B4, pl. 20.

3 Martine Koelliker, « Les « Délices » de Voltaire, une maison patricienne », in *Institut et Musée Voltaire*, Genève, Ville de Genève, 1994, p. 21.

4 Voltaire à Jean-Robert Tronchin, 29 mars 1755 (D6224). Nous ferons suivre désormais les dates des lettres de leur cote dans l'édition de référence de la correspondance de Voltaire, à savoir : *Correspondence and Related Documents*, definitive edition by Theodore Besterman, Genève : Institut et Musée Voltaire ; Toronto : University of Toronto Press, 1968-1971 ; Oxford : The Voltaire Foundation, 1971-1977, 51 vol.

5 Voltaire à Jean-Robert Tronchin, 24 novembre [1755] (D6597).

6 Voltaire à Sébastien Dupont, 2 décembre [1755] (D6610).

7 Ces dessins, gravés par Jacques-Philippe Le Bas (1707-1783), ont été présentés au public à l'occasion de l'exposition *Tremblez terriens : Voltaire et le tremblement de terre de Lisbonne*, ouverte du 11 mai au 4 novembre 2005. Les gravures sont aujourd'hui visibles au musée.

8 Voltaire au Président Hénault, 13 janvier 1757 (D7117).

9 Voltaire, *Essai sur les mœurs…*, chapitre CXXXIV, « De Calvin et de Servet ».

10 Voltaire à Jean-Robert Tronchin, 12 mars [1759] (D8179).

11 Voltaire, *Candide*, chapitre VI : « Comment on fit un bel autodafé pour empêcher les tremblements de terre, et comment Candide fut fessé ».

12 Voltaire à Henri-Louis Lekain, 24 mars 1755 (D6213).

13 Voltaire à d'Argental, 2 avril 1755 (D6229).

14 Thieriot à Voltaire, 14 octobre 1755 (D6541).

15 Voltaire à Claude-Henri Watelet, 25 avril 1760 (D8875).

16 Mme Huber à Palmerston, [22] avril 1768, BGE, Ms. Var. 15/5.

17 *Ibid.*

18 Garry Apgar, *L'art singulier de Jean Huber,* Paris, Adam Biro, 1995, p. 95.

19 D'Alembert à Voltaire, 28 juillet 1756 (D6949).

20 *Ibid.*

21 Le socinianisme fait référence à un courant chrétien remontant à Faust Socin. Faire des pasteurs genevois autant de sociniens revient à considérer qu'ils attachent plus d'importance à la pratique, ou à la morale, de la religion qu'à son fondement spirituel, c'est-à-dire en d'autres termes, qu'ils ne sont pas véritablement croyants.

22 D'Alembert, article « Genève » de l'*Encyclopédie*.

23 Mme du Bocage à Mme Le Hayer du Perron, 8 juillet 1758 (D7784).

24 *Ibid.*

25 Voltaire à François Louis Allamand, 14 février 1755 (D6161).

26 Voltaire à la comtesse de Lutzelbourg, 24 mars 1755 (D6214).

27 Carl Magnusson, *Jean Jaquet et ses émules obscurs : les sculpteurs d'ornements à Genève au XVIIIe siècle*, Université de Lausanne, thèse de doctorat, 2011, 2 vol.

28 Hector Berlioz, *Correspondance générale*, VII : 1864-1869, édition de Hugh J. Macdonald, Paris, Flammarion, 2001, lettre 3033 (18 août 1865).

29 Hector Berlioz, *op. cit.*, lettres 3155 [1866] et 3166 (28 septembre 1866).

30 Le rapport historique de 1990 (Koelliker, *op. cit.*) est éloquent à cet égard.

31 Martine Koelliker, *op. cit.*, 1990, p. 41.

32 On consultera sur ce point l'article d'Isabelle Bovay et de Miltos Thomaides, « La carpière des Délices de Voltaire... sous la chaussée de la rue des Délices ! », dans *Gazette des Délices*, n° 15, automne 2007.

33 Quelques vitrines destinées à rappeler le séjour de Voltaire avaient déjà été installées dans l'actuelle galerie en 1945, à l'initiative de la Société auxiliaire du Musée d'art et d'histoire.

34 CH IMV AB 8798-2.

35 *Correspondance littéraire, philosophique et critique par Grimm, Diderot, Raynal, Meister, etc.*, notices, notes, table générale par Maurice Tourneux, Paris, Garnier frères, t. X, p. 96.

36 *Ibid.*

37 *Ibid.*

38 Catherine II, impératrice de Russie, à Grimm, 20 janvier 1776 (D19894).

39 *Lettre d'un avocat au nommé Nonotte, ex-jésuite*, édition critique d'Olivier Ferret, dans *Œuvres complètes*, Voltaire Foundation, Oxford, vol. 63B, 2008, p. 347.

40 Ce pastel a été exposé en 1979 à la Bibliothèque Nationale, à Paris, à l'occasion de l'exposition *Voltaire : un homme, un siècle*.

41 *Correspondance littéraire*, t. VI, p. 460.

42 Tel est du moins l'avis des commissaires de l'exposition *Nicolas de Largillierre, peintre du Grand Siècle* (voir n. 45).

43 Michelle Lespès, « *Portrait de Voltaire à l'âge de vingt-quatre ans* : une nouvelle hypothèse », dans *Gazette des Délices*, n° 12, hiver 2006.

44 *Ibid.*

45 « Plusieurs copies anciennes, plus ou moins estimables, sont aujourd'hui connues de ce portrait [...] Une [...] assez médiocre se voit à l'Institut Voltaire de Genève », *Nicolas de Largillierre, peintre du Grand Siècle*, catalogue de l'exposition du Musée Jacquemart-André, 14 octobre 2003-30 janvier 2004, Paris, 2003, n° 54, p. 164.

46 Pierre Nolhac, *Nattier*, Paris, Librairie Floury, 1925, p. 7.

47 Là encore, un doute subsiste. Mme Lespès, dans un courrier du 15 mars 2006, émet l'hypothèse suivante : notre tableau « n'est pas de Nattier, mais soit de la jeune Marianne Loir, apprentie chez le peintre Aved, ou encore de Mme Aved qui assurait les copies de l'atelier... »

[48] Edmond et Jules de Goncourt, *Journal. Mémoires de la vie littéraire*, II, 1866-1886, texte intégral établi et annoté par Robert Ricatte, Paris, 1989, p. 1080-1081. Cité par Xavier Salmon dans *Jean-Marc Nattier, 1685-1766*, catalogue de l'exposition du Musée national du château de Versailles et de Trianon, 26 octobre 1999-30 janvier 2000, Paris, Réunion des musées nationaux, 1999, p. 114.

[49] Theodore Besterman à Albert Pictet, 17 octobre 1957 (minute), CH IMV AB 17920.

[50] *Ibid.*

[51] *Ibid.*

[52] Le temps semble avoir donné raison à cette intuition du premier conservateur des Délices. Le musée du Louvre et la Réunion des musées nationaux, le Royal Academy of Arts et le Solomon R. Guggenheim Museum de New-York ont en effet organisé une exposition intitulée *Portraits publics, portraits privés 1770-1830* et proposée à Paris, dans les Galeries nationales du Grand Palais, du 2 octobre 2006 au 9 janvier 2007, puis à Londres, à la Royal Academy of Arts, du 3 février au 20 avril 2007. Or deux œuvres de Lucas de Montigny ont été présentées lors de cette exposition : notre *Voltaire debout et lisant* a côtoyé la statue de Jean-Jacques Rousseau, actuellement propriété des collections des Musées royaux d'art et d'histoire de Belgique, et visible à Bruxelles.

[53] Theodore Besterman, « La terre cuite du *Voltaire assis* exécutée par Houdon pour Beaumarchais », dans *Genava*, nouvelle série, n° 5, Genève, 1957, p. 158.

[54] L'Institut et Musée Voltaire a présenté, du 24 mars au 23 septembre 2006, une exposition intitulée *Erni chez Voltaire : dialogue à Genève*. Il s'agissait, à partir des éléments iconographiques de deux œuvres genevoises de Hans Erni – d'une part les décors de la Cité du Lignon, centrés sur *Candide*, d'autre part une composition en céramique ornant la façade d'un grand magasin à la rue de Coutance, consacrée à Jean-Jacques Rousseau, de mettre en valeur l'engagement social de l'artiste et sa lecture très attentive de l'enseignement des Lumières. C'est à partir du *Voltaire assis* de Houdon qu'ont été réalisés, par Hans Erni, plusieurs dessins et portraits peints de l'auteur de *Candide*, offerts depuis lors par l'artiste à l'Institut et Musée Voltaire.

[55] Voltaire à Saint-Lambert, 1er septembre 1773 (D18534).

[56] Gentil-Bernard, *L'art d'aimer*, manuscrit autographe avec corrections de Voltaire, CH IMV MS 17.

[57] *Ibid.*

[58] Benoît XIV à Voltaire [lettre apocryphe], 15 septembre 1745, CH IMV CD 145 (D3210).

[59] Voltaire à Georg Conrad Walther, 17 septembre 1750 (D4222).

[60] Voltaire à Louisa Dorothée de Meiningen, duchesse de Saxe-Gotha, 23 mai 1751 (D4477).

[61] Voltaire à M. de Brenles, 29 mars 1755 (D6224).

Bibliographie

Histoire des Délices

Amsler, Christine, «Les Délices, au Petit-Saconnex», dans Christine Amsler, *Maisons de campagne genevoises du XVIIIᵉ siècle*, Genève, Domus Antiqua Helvetica, 1999-2001, 2 vol., t. 1, pp. 329-341.

Bovay, Isabelle, Thomaïdes, Miltos, *Étude de la campagne des Délices : une campagne du XVIIIᵉ siècle en milieu urbain*, Genève, Ville de Genève, Conservation du patrimoine architectural, 2002.

Candaux, Jean-Daniel & Deuber-Pauli, Erica (dir.), *Voltaire chez lui : Genève et Ferney*, Genève, Éditions d'art Albert Skira, 1994.

Fulpius, Lucien, *Une demeure historique : «Les Délices» de Voltaire,* avant-propos de Guillaume Fatio, Genève, Kundig, 1943.

Koelliker, Martine, «*Les Délices*» : rapport historique, Genève, Département municipal des beaux-arts, de la culture et du tourisme, décembre 1990.

Voltaire à Genève

Voltaire en son temps, ouvrage publié sous la direction de René Pomeau, avec la participation de Christiane Mervaud et de seize autres collaborateurs, Oxford, Voltaire Foundation, 1985-1994, t. 3 : *De la cour au jardin* (1991), pp. 216-375.

L'Institut et Musée Voltaire aujourd'hui

Jacob, François, «Voltaire à Genève : un patrimoine d'exception», dans *Patrimoines de la Bibliothèque de Genève*, Genève, Slatkine, 2006, pp. 220-237.

Gazette des Délices, revue électronique trimestrielle de l'Institut et Musée Voltaire : http://www.ville-ge.ch/bge/imv/ rubrique «Gazette des Délices».

Institut et Musée Voltaire, rue des Délices 25, Genève, Ville de Genève, Département municipal de l'aménagement des constructions et de la voirie, 1994.

Wirz, Charles, «L'Institut et Musée Voltaire de Genève : son origine, ses activités», dans *Revue des sciences morales et politiques*, Paris, 1998, nᵒ 3, pp. 1-24.

Crédits photographiques

Matthias Thomann, Bibliothèque de Genève
Jorge Barbosa, Bibliothèque de Genève (fig. 11, 18 et 20)
Jean-Marc Meylan, Bibliothèque de Genève (fig. 6, 7 et 9)
Institut et Musée Voltaire (fig. 3 et 24)
Musées d'art et d'histoire
Société Jean-Jacques Rousseau
Fondation Gottfried Keller (fig. 16)

Remerciements

Les auteurs tiennent à remercier M. Thierry Dubois, conservateur des livres anciens et précieux à la Bibliothèque de Genève, M. Nicolas Schätti, conservateur en charge du Centre d'Iconographie genevoise, et Mme Catherine Walser, bibliothécaire de l'Institut et Musée Voltaire, pour leur constante disponibilité.

sr•kundig
IMPRIMEUR
décembre 2013